Cuentos para Soñar

SERVILIBRO

Cuentos
para Soñar

Ilustraciones de L. Crismer
Adaptación de Teresa Rodriguez

Índice

Pulgarcito

HACE MUCHO TIEMPO, HABÍA UN LEÑADOR QUE VIVÍA CON SU FAMILIA EN EL BOSQUE. ÉL Y SU MUJER TENÍAN SIETE HIJOS. SEIS GEMELOS Y EL HERMANO PEQUEÑO, QUE SE LLAMABA PULGARCITO.

Un año, el leñador y su esposa no tenían con qué alimentar a sus hijos. Desesperados, prefirieron abandonarlos en el bosque antes que verlos morir de hambre. Pulgarcito, que no dormía, escuchó toda la conversación.

Por la mañana temprano, cuando todos dormían, Pulgarcito fue a la orilla del río y recogió piedrecitas blancas, ante el asombro de las ranas del lugar.

Después volvió a la casa, procurando no despertar a nadie.

Pulgarcito, que era muy listo, había planeado algo.

Más tarde, el leñador y su esposa llevaron a los niños al bosque y cuando anocheció, mientras los niños recogían leña, los abandonaron. Cuando se dieron cuenta de que los habían abandonado, los hermanos de Pulgarcito se asustaron.

—No lloréis —les dijo Pulgarcito—. No estamos perdidos. He dejado piedrecitas blancas por el camino. Sólo hay que seguirlas para volver.

Mientras tanto, el leñador y su esposa se lamentaban. El señor del lugar, que se enteró de sus penurias, les había dado dinero para ayudarles. Pero sus hijos habían desaparecido. Estaban perdidos en lo más profundo del bosque. Pero, de pronto:

—¡Papá, mamá! ¡Ya hemos vuelto!

Los padres se pusieron muy contentos, pero la alegría sólo duró mientras quedó dinero. Muy pronto, la desgracia volvió a aparecer y peor que antes.

PULGARCITO VOLVIÓ A OÍR QUE SUS PADRES LES IBAN A ABANDONAR EN EL BOSQUE. PERO ESTA VEZ NO PUDO RECOGER PIEDRECITAS. ¡ALGUIEN HABÍA CERRADO LA PUERTA! TUVO OTRA IDEA, TAN BUENA COMO LA ANTERIOR. ESPARCIRÍA MIGAS DE PAN POR EL CAMINO. PERO PULGARCITO OLVIDÓ QUE LOS PAJARITOS ADORAN LAS MIGAS.

¡Ahora sí que estaban perdidos!
No había manera
de encontrar el camino.
Pulgarcito subió a un árbol
para ver si lo encontraba.
—¡Allí! ¡Hay una casa enorme!
¡Estamos salvados! —gritó.

—¡Oh! ¡Pobres niños! No puedo dejaros entrar. Aquí vive un ogro terrible que se come a los niños. ¡Volverá pronto!

—Por favor, señora, déjenos entrar. Tenemos hambre y frío. Nos esconderemos antes de que vuelva el ogro...

La señora se compadeció y les dio de comer. Después, los escondió en un baúl.

—¡Humm! ¡Huelo a carne fresca! —rugió el ogro nada más entrar.

—¡Te equivocas! ¡Es el asado que te he preparado!

—No, no. Mi nariz es infalible. ¡Aquí están! ¡En el baúl!

—¡Ay! Los puse ahí para darte una sorpresa —dijo la señora muy asustada. Estarán más ricos después de una noche de reposo.

—¡Tienes razón! Me los comeré mañana.

La señora acostó a los hermanos en una gran cama junto a la de las siete hijas del ogro.

—Volveré a liberaros al amanecer —les prometió.

Pero Pulgarcito no conseguía dormirse.

—¿Y si el ogro viniera a engullirnos mientras dormimos? —pensó.

Junto a la cama de sus hermanos dormían las siete hijas del ogro. Cada una tenía una corona de oro y Pulgarcito tuvo una idea.

Sin despertarlas, Pulgarcito les quitó la corona y se la puso a sus hermanos. Después puso el gorro de sus hermanos a las hijas del ogro. A medianoche, el ogro entró en la habitación con un enorme cuchillo.

—¿Qué iba a hacer? —dijo cuando tocó las coronas de sus hijas. Después tocó los gorros y...

¡Se comió a sus hijas!

—Salgamos por la ventana —dijo Pulgarcito.

AL AMANECER, EL OGRO FUE A LA HABITACIÓN.

—¡ME LAS VAIS A PAGAR! SE PUSO SUS BOTAS DE SIETE LEGUAS, UNAS BOTAS MÁGICAS CON LAS QUE CORRÍA MUY RÁPIDO, Y COMENZÓ A PERSEGUIR A LOS HERMANOS.

Recorrió el país en un par de horas, pero no les encontró. Se acostó junto a un árbol y se durmió. Los siete hermanos estaban escondidos. Pulgarcito tuvo una idea: Se acercó al ogro, le quitó las botas y se las puso. Como las botas eran mágicas, en un momento se volvieron tan pequeñas como los pies de Pulgarcito.

Con un único paso, Pulgarcito se plantó al otro lado del barranco.

—¡Ven a buscarme! —gritó al ogro.

El ogro, furioso, se lanzó hacia Pulgarcito.

—¡No escaparás! —gritó.

Pero como no tenía sus botas, el ogro cayó al fondo. Un fin terrible para un hombre terrible.

Así son las cosas.

GRACIAS A LAS BOTAS DE LAS SIETE LEGUAS, PULGARCITO ENCONTRÓ RÁPIDAMENTE SU HOGAR.

—¡PAPÁ, MAMÁ! ¡OS HEMOS ENCONTRADO!

—¡SEREMOS RICOS GRACIAS A LAS CORONAS DE ORO!

Pasaron unos años y el Rey oyó hablar de Pulgarcito y de sus botas mágicas y le nombró cartero real. Nunca jamás se vio ni se verá un mensajero tan rápido como el pequeño Pulgarcito.

Hansel y Gretel

HACE MUCHO TIEMPO, EN UN PAÍS LEJANO, VIVÍA UN POBRE LEÑADOR CON SU FAMILIA. TRABAJABA DURO Y LAS PEQUEÑAS COSECHAS DE FRUTAS Y PATATAS NO SIEMPRE ERAN SUFICIENTES PARA ALIMENTAR A LOS SUYOS.

Un día Hansel y Gretel acompañaron a su padre al bosque para cojer leña y setas.

—No os alejéis —insistió el leñador.

Pero los niños no encontraban ninguna seta y se adentraron más en el bosque. Pronto dejaron de oír los golpes del hacha.

—VAYA
—SUSPIRÓ LA NIÑA—,
¡CUÁNTO HEMOS CAMINADO
PARA ENCONTRAR LAS SETAS!
LOS NIÑOS DESCANSABAN EN LA HIERBA
CUANDO SE LES ACERCARON UNOS
CONEJOS Y UN ZORRITO.
—NO TE COMAS LAS SETAS —DIJO GRETEL
A UN CONEJO—. VOLVAMOS
CON PAPÁ.

Pero ya había caído la noche: la luna asomaba resplandeciente por encima de los árboles. Era demasiado tarde para volver. Ir por los caminos en plena noche es peligroso.

—¿Crees que nos atacará algún lobo? —gimió el pequeño.

Los niños oían aterrados los aullidos de los lobos. Un búho sabio les aconsejó:

—No os quedéis ahí, vais a coger frío. Seguidme, os conduciré a una casita que hay aquí cerca.

Los niños siguieron al búho.

—¡Qué raro! —se sorprendió la niña—. ¿Quién vivirá aquí? No me gusta...

—¡Anda! —dijo su hermano—. Estoy cansado y tengo mucha hambre.

Gretel aceptó y los dos se encaminaron hacia la extraña casita.

—¡La casa es de chocolate y de caramelo! —exclamó Gretel.

Podían comer todo lo que quisieran durante horas y horas. A Gretel le gustaba el caramelo y a Hansel, el chocolate.

—¿Quién se está comiendo mi tejado? —preguntó de repente una bonita voz.

Se abrió la puerta de la casa y apareció una viejecita regordeta. Gretel estaba asustada. Pero la señora la tranquilizó y la invitó a entrar.

—¡No, no entréis, huid, todavía estáis a tiempo! —exclamó un cervatillo tirando de Gretel. Pero la niña entró...

—Os preparare chocolate caliente —dijo la viejecita. Hansel y Gretel se sintieron seguros. La señora era tan amable que se durmieron tranquilos.

—Gretel, me gustaría tener una casa de chocolate —murmuró Hansel.

—¡Buenas noches! —respondió Gretel, agotada. Y mientras soñaban con chocolate y caramelos.

Gretel se asustó al abrir
los ojos por la mañana. La hermosa casa se había transformado en una vieja choza... ¡Y la señora se había convertido en una bruja!

—¡Ja, ja, ja! —reía—. He hecho una buena captura. ¡Y encerró a Hansel en una jaula!

La bruja obligó a Gretel a cocinar para engordar a su hermano. En cuanto estuviese bastante rollizo… ¡lo devoraría! La bruja le pedía todas las mañanas a Hansel que enseñase el dedo a través de los barrotes para tocarlo…

—¡Bribón, no engordas!

Pero Hansel era muy listo y le enseñaba un delgado hueso de pollo.

Pasaron algunas semanas
y la bruja ya no podía esperar más.
—Gretel, enciende el fuego, coge la olla y llénala de agua. ¡Hoy vamos a guisar a Hansel!
«¡Dios mío! ¿Cómo puedo salvar a mi hermano?, pensaba muy triste la pequeña Gretel».

LAS LLAMAS ACARICIABAN EL FONDO DE LA OLLA, EL AGUA HERVÍA A BORBOTONES. TODA LA CASA OLÍA A CEBOLLA, PUERROS Y PATATAS COCIDAS.

—¿ESTÁ EL HORNO CALIENTE? —PREGUNTÓ LA BRUJA.

—NO LO SÉ —CONTESTÓ GRETEL—. MÍRELO USTED MISMA.

—¡QUÍTATE! VOY A MIRARLO YO —GRITÓ LA VIEJA.

ABRIÓ LA PUERTA DEL HORNO Y SE INCLINÓ.

—¡AHORA O NUNCA! —SE DIJO GRETEL.

SE QUITÓ LOS ZUECOS, COGIÓ CARRERILLA Y LA EMPUJÓ CON TODAS SUS FUERZAS. LA BRUJA CAYÓ EN MEDIO DE LAS LLAMAS Y GRETEL CERRÓ LA PUERTA DEL HORNO DEJÁNDOLA DENTRO.

La niña liberó
enseguida a su hermano.
—Espera —dijo Hansel—. La bruja
escondía algo debajo de la cama.
—¡Cuánto polvo! —exclamó Gretel.
—¡Un cofre! —gritó Hansel.
Al abrirlo vieron que estaba lleno de diamantes,
collares de perlas y saquitos de oro…

Hansel y Gretel se fueron rápidamente con el tesoro y se llevaron al gato. Anduvieron mucho tiempo antes de descansar cerca de un riachuelo. Unos cisnes se ofrecieron amablemente a ayudarles a cruzarlo. Cuando llegaron a la orilla, Hansel y Gretel encontraron un sendero que conocían.

Al caer la noche, los niños llegaron a su casa.
Se pusieron a gritar de alegría
al ver a papá y a mamá.
—¡Por fin, habéis vuelto!
Gretel se lanzó a los brazos
de su papá y luego le susurró en el oído:
—¡No hemos traído setas
pero hemos encontrado
un gran tesoro!

La Bella durmiente

ÉRASE UNA VEZ, EN UN REINO LEJANO, UN REY Y UNA REINA MUY FELICES, PUES ACABABAN DE TENER UNA PRINCESITA: AURORA.

El rey y la reina pidieron a siete hadas que fueran sus madrinas. Cada una le concedió un don: la princesita recibió belleza, gracia, bondad, sensibilidad y la habilidad de cantar y tocar todos los instrumentos.

—¡La princesa será perfecta! —exclamó una de las hadas.

—Pero, ¿dónde estará Mirabel, nuestra hermana? —preguntó otra—. Siempre se retrasa, ¡incluso el día del bautizo de una princesa!

PERO, EN VEZ DE MIRABEL, APARECIÓ MALÉFICA, UNA VIEJA HADA A QUIEN NADIE HABÍA INVITADO. MALÉFICA TENÍA MAL GENIO Y ¡PREFERÍA HECHIZAR A HACER BUENAS ACCIONES!

—MAJESTADES —DIJO—, AUNQUE NO HE SIDO INVITADA, DESEO OBSEQUIAR A LA PRINCESA CON UN DON.

—DISCULPA NUESTRO IMPERDONABLE OLVIDO —INTERRUMPIÓ EL REY INTENTANDO CALMAR A SU ESPOSA.

Un escalofrío recorrió la estancia.
Con una terrible sonrisa, la malvada hada
se inclinó sobre la cuna.
Con voz temblorosa dijo:
—Antes de cumplir dieciocho años,
la princesa Aurora se pinchará el dedo
con un huso, ¡y morirá!
Llorando, la reina se arrojó en
los brazos del rey.

Pero llegó Mirabel, la séptima hada.
Iba a conceder su don a la princesita.
Y dijo con voz firme:

—No os preocupéis, mi rey y mi reina. Aunque es verdad que no tengo poder para deshacer esta maldición, ¡puedo mitigarla! La princesa no morirá, ¡caerá en un profundo sueño que durará cien años! ¡Sólo un valeroso príncipe podrá despertarla!

El rey quiso evitar la desgracia a toda costa. Mandó que quemaran todos los husos. En todos los lugares del reino se encendieron grandes hogueras. Los habitantes arrojaron sus husos al fuego, conscientes del peligro.

Fueron pasando los años. Aurora poseía todas las cualidades que le habían dado las hadas. Pronto cumpliría dieciocho años. Un día, mientras estaba jugando, oyó una voz que la llamaba...

—Aurora... Aurora... Ven aquí...

—¿Quién eres? ¿Y qué tienes en las manos? —preguntó, intrigada la joven.

—Sirve para hilar la lana, ¿quieres probar? —le propuso la vieja.

Nada más coger el huso, se pinchó en el dedo y cayó en un sueño profundo.

Maléfica, el hada despiadada, pues era ella, se rió a carcajadas:

—¡Duerme tranquila, hija mía, tienes cien años para descansar!

El rey y la reina, entristecidos, mandaron llevar a la princesa a su cama. Entonces apareció Mirabel, la séptima hada. Pensó en el desamparo de Aurora cuando se despertara sola, sin familia, sin amigos, al cabo de cien años. Por eso sumió a todos los habitantes del castillo, humanos y animales, en el mismo sueño...

Después, Mirabel hizo crecer por todas partes del castillo zarzas, rosales y espinos tan tupidos que nadie podría pasar entre ellos.

PASARON CIEN LARGOS AÑOS... UN PRÍNCIPE SE ENTERÓ DE LA LEYENDA: UN MISTERIOSO CASTILLO EN EL QUE DORMÍA UNA JOVEN HERMOSA. LA GENTE DEL REINO LO LLAMABA EL CASTILLO DE LA BELLA DURMIENTE. EL PRÍNCIPE SE DECIDIÓ A IR A VER LO QUE OCURRÍA. CUANDO ESTABA LLEGANDO AL CASTILLO, ¡SE APARTARON LAS ZARZAS!

El príncipe entró en la gran sala. Se quedó impresionado. Reinaba un profundo silencio. Los hombres, las mujeres, los niños, los animales... todos parecían muertos. Sin embargo, al ver el color de sus rostros, se dio cuenta de que sólo estaban dormidos... ¡desde hacía un siglo!

Las damas e hidalgos, los pajes y criadas, todos estaban sumidos en el mismo sueño. Por fin, el príncipe empujó la puerta de una magnífica habitación.

¡Allí descubrió a la joven más hermosa que había visto nunca! ¡La princesa Aurora! Se acercó a la cama y la admiró. Luego se arrodilló a su lado y le cogió la mano. La princesa abrió los ojos y le sonrió.

—¿Eres mi príncipe? —le dijo—. ¡Cuánto has tardado!

El hechizo desapareció en ese instante. En el castillo todos despertaron de su largo sueño. Desaparecieron las zarzas y el bosque recuperó su aspecto habitual. ¡En la cocina se encendieron los fogones y se preparó un festín para celebrar el despertar de la princesa!

Esa misma noche se celebró la boda entre el príncipe y la princesa. Vivieron muy felices y tuvieron dos hijos, un niño al que llamaron Día y una niña: Aurora.

Juan y las habichuelas mágicas

HABÍA UNA VEZ UNA VIUDA QUE VIVÍA CON SU HIJITO. UN DÍA, LA MUJER SE DIO CUENTA DE QUE YA SÓLO LES QUEDABAN UN PAR DE MONEDAS. ASÍ QUE NO TUVIERON MÁS REMEDIO QUE VENDER SU ÚNICA VACA.

Juan cogió la vaca y se fue al mercado del pueblo. Por el camino, se encontró a un anciano con un sombrero puntiagudo: ¡era un mago!

—Tu vaca está muy flaca. La cuidaré si me la cambias por este cofre: contiene tres habichuelas mágicas. Siémbralas esta misma noche a la luz de la luna y te harán rico...

El mago se alejó con la vaca y Juan miró deslumbrado las tres habichuelas que había dentro del cofre.

Como todos los niños, Juan creía en la magia. Maravillado, volvió a su casa con el precioso cofre.

—Pero hijo, ¿qué has hecho? —preguntó la madre—. ¡Ahora sí que somos pobres! Ya sólo tenemos tres habichuelas.

—¡Pero mamá, si son mágicas! Me lo ha dicho el mago. Tengo que sembrarlas a la luz de la luna… Después, seremos ricos.

Al caer la noche, Juan plantó las habichuelas.

De pronto, la tierra empezó a temblar y Juan se sobresaltó y se refugió en los brazos de su madre. Una hoja brotó del suelo y empezó a crecer sin parar. No dejaban de nacer más hojas y en unos minutos una mata gigante trepaba hacia el cielo. Juan y su madre se quedaron impresionados.

—Mamá, voy a subir a lo más alto para hacerme rico.

El niño cogió su zurrón, se agarró al grueso tallo y se dejó llevar.

—¡Ten cuidado! —exclamó su madre. Pero Juan ya no podía oírla...

La mata de habichuelas no dejó de crecer durante toda la noche. Pero, justo cuando Juan estaba a punto de dormirse, se dio cuenta de que se encontraba por encima de las nubes.

Su sorpresa fue aún mayor cuando vio frente a él un castillo gigantesco. Las torres y la puerta eran de oro. Era mucho más grande y mucho más bonito que los castillos de los cuentos.

—El rey que vive aquí debe de ser muy rico —dijo.

La mata de habichuelas se dirigía directamente hacía la gran puerta de oro.

JUAN ESTABA FRENTE A LA IMPRESIONANTE PUERTA.
«VOY A LLAMAR, SEGURO QUE SALE ALGUIEN A ABRIR», PENSÓ.
LA PUERTA SE ABRIÓ MUY LENTAMENTE. UNA MUJER ASOMÓ LA CABEZA.

—¡DIOS MÍO! ¿QUÉ HACES AQUÍ? MI MARIDO ES UN OGRO Y SI TE VE, ¡ESTÁS PERDIDO! ¡ESCUCHA! ¡ES ÉL, ESTÁ DE VUELTA! ENTRA RÁPIDO. VOY A ESCONDERTE.

Juan se ocultó en un armario.
El ogro se dirigió a una jaula en la que estaba encerrada una gallina.
—A ver... ¿has puesto un huevo, pequeñita?
Abrió la jaula y sacó un huevo... ¡de oro!
Juan no podía creer lo que estaba viendo.

El ogro se sentó y comió muchísimo.
Lo que se zampaba en un día ¡se podía medir en quintales y hectolitros! Junto a él había un arpa de oro.

—Toca alguna pieza para mí, arpa —ordenó el ogro.

El arpa se puso a entonar melodías maravillosas.
Juan nunca había oído nada tan bonito.

Mientras tanto, el ogro comía y bebía. Al poco rato, al gigante le entró sueño.

El ogro se acostó junto al fuego y se quedó dormido. Juan esperó un poco y después salió de su escondite. El ogro roncaba cuando el niño sacó a la gallina de la jaula y, sin hacer ruido, cogió el arpa y salió de puntillas.

—¡Silencio, gallinita! No es momento de cacarear.

Pero al salir, Juan rozó ligeramente el arpa con la puerta y se escaparon algunas notas del instrumento.

—¿Qué pasa aquí? —dijo el ogro—. ¡Mi arpa! ¡Me han robado! ¡Al ladrón!

De un salto, el ogro se plantó en la puerta y se lanzó tras Juan.

—Espera, ladronzuelo... ¡Te arrepentirás de haber entrado aquí!

—Corre más rápido, Juan —le suplicaba la gallina—. Si te pilla, lo pasarás muy mal.

Juan descendió por la mata a toda prisa. El ogro, torpe y poco ágil, se iba quedando atrás. Juan llegó abajo mucho antes que él. Se precipitó hacia el montón de leña y cogió un hacha muy afilada.

¡Tac, tac! Con unos cuantos hachazos, Juan cortó el tallo. La mata se tambaleó y al final cayó al suelo, arrastrando al ogro, que se mató del golpe.

—¡Bien! —gritó la gallina—. ¡Ya no me encerrará nunca más en una jaula! Para darte las gracias, pondré todos los días un hermoso huevo de oro.

JUAN SALTÓ A LOS BRAZOS DE SU MADRE. DESDE ENTONCES, GRACIAS A LA GALLINITA QUE PONÍA CADA DÍA UN HUEVO DE ORO, COMO LE HABÍA PROMETIDO A JUAN, SE HICIERON RICOS. TAN RICOS QUE COMPARTIERON SU FORTUNA CON TODOS LOS POBRES DEL LUGAR.

El Patito feo

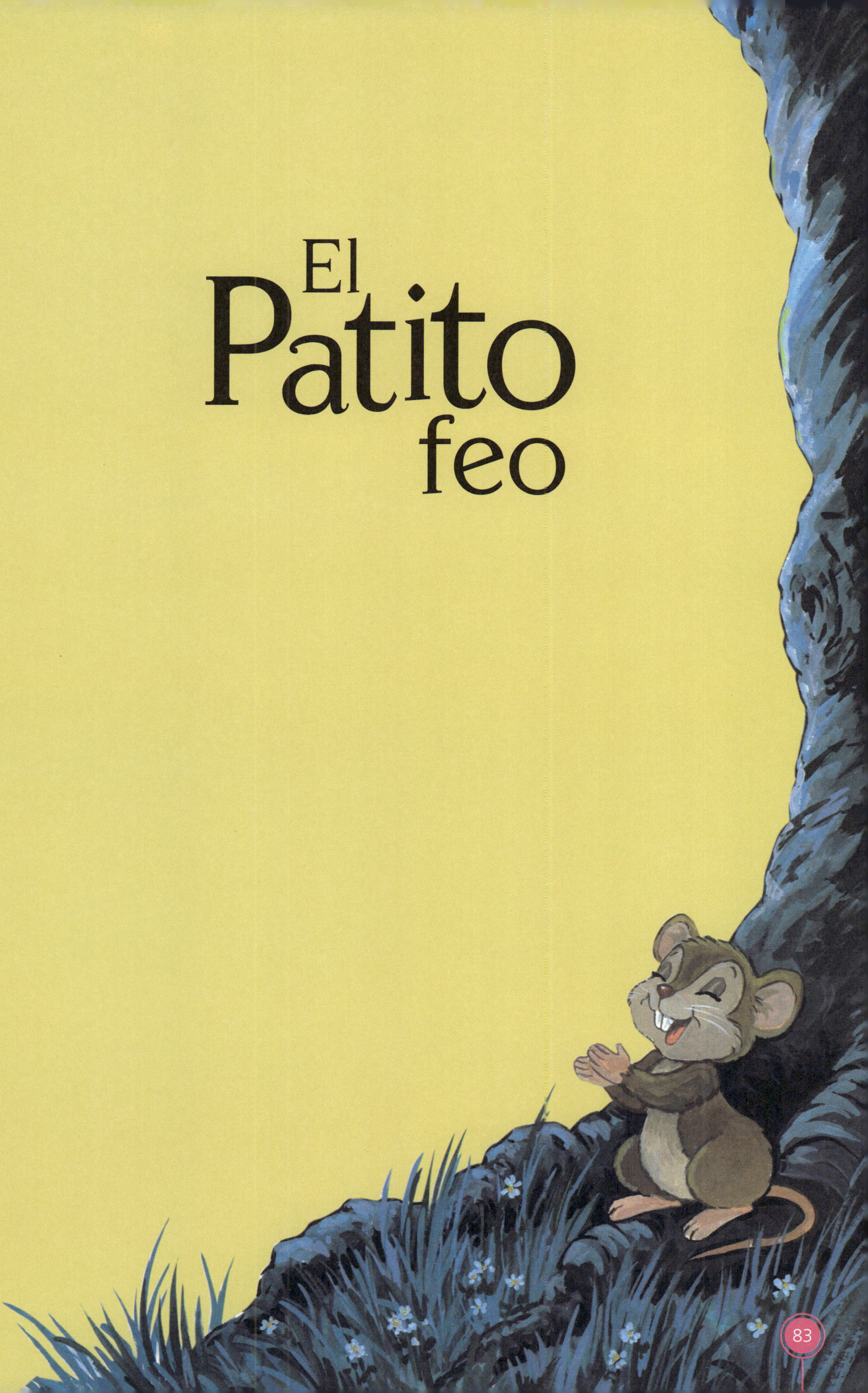

Cerca de un estanque vivía mamá Pata.
—¿Cuándo cree usted que nacerán, señora Pata?
—Aún habrá que esperar un poco más, señor Castor...

Una mañana, los huevos se abrieron y empezaron a salir de ellos unos preciosos patitos.

—¡Cua! ¡Cua! ¡Mami!

—¡Oh! ¡Qué bonitos sois! —dijo mamá Pata muy orgullosa.

Pero al abrirse el quinto huevo...
—¡Cuuuuak! ¡Cuuuuak! ¡Aquí estoy!
¡Mamá Pata y sus patitos se asustaron tanto que corrieron a esconderse!
«¡Oh, Dios mío! ¡Qué feo es!, pensó Mamá Pata.
¡Qué plumaje tan gris y qué cuello tan laaaargo!
¡Menuda desgracia!».

Cuando mamá Pata fue a presentar a sus pequeños a los animales del corral, no se oían más que chismorreos. Todos se burlaron.

—¿Lo habéis visto? —dijo el pavo despectivamente.

—Que se vaya de aquí —ordenó una gallina histérica—. ¡Asusta a mis polluelos!

Entonces, el gallo y el pavo real reunieron a todos los animales. ¡Algo había que hacer! Unos minutos después, el gallo tomó la palabra:

—¡Un patito feo! ¡Qué vergüenza! ¡No lo queremos aquí! ¡Que se vaya!

—¡Vete y no vuelvas nunca!
¡Eres la vergüenza de la familia!
—dijo mamá Pata.

Entonces el patito feo, que sólo tenía dos días de edad y era débil y minúsculo, se dio cuenta de que tendría que arreglárselas solo. Aunque no entendía nada.

«¿Por qué no me quiere nadie?», se preguntaba.

El patito caminó durante horas. Cuando salió la luna ya no podía más y decidió sentarse. Se sentía solo, agotado y triste. Lloraba tanto que despertó a un ratoncito.

—¡Cucú! ¿Qué te pasa? ¿Por qué lloras?

—Mi mamá me ha echado porque soy muy feo.

—¿Feo? ¡De eso nada! Yo he visto a otras aves como tú, pero no recuerdo cómo se llaman. ¡No te preocupes! ¡Conozco a alguien que te va a querer muchísimo! —lo animó el ratoncito.

El señor Ratón estaba en lo cierto. Tía Carmen adoraba a los animales y, cuando vio al patito, tan triste, lo acogió en su cabaña.

—Puedes quedarte conmigo. Te prepararé un sitio frente a la chimenea —le dijo, acariciándolo.

Pero al gato y a la gallina de la granjera no les pareció nada bien.

—¿Lo estás oyendo, Clueca? —le preguntó el gato a la gallina—. ¡Ese estúpido nos va a quitar el sitio!

—¡Eso ni pensarlo! —protestó Clueca—.
¡Vamos a darle un escarmiento!
Y cada vez que tía Carmen salía, los dos malvados
le hacían la vida imposible al patito.
—¡No pares, Grisú! ¡Hazlo correr un poco más!
—¡Es un inútil! —gritaba Clueca.
El gato se lo pasaba de maravilla asustando
al pobre patito.

El patito ya no podía soportarlo más. Una noche, decidió huir de allí. Era invierno. Al llegar al estanque, el patito tenía las patas heladas y estaba agotado. Se dejó caer, rendido, en medio de la nieve. Menos mal que pasaba por allí un granjero y oyó un gemido.

—¡Pobre pequeñín! ¿Qué haces aquí tan solo y a estas horas? No sé qué habría sido de ti si no llego a verte...

El patito estaba muy débil, su corazón apenas latía ya. El hombre lo cogió en un brazo y lo cubrió con su capa para protegerlo del frío viento.

—Mañana te presentaré a mi familia. Estoy seguro de que mis hijos se van a poner muy contentos.

Durante los largos meses de invierno, el patito se quedó en la granja. Estaba tan bien alimentado que crecía y crecía sin cesar. ¡Pero cada vez que desplegaba las alas o empezaba a correr, lo destrozaba todo!

—Esto no puede seguir así. Tienes que irte —le dijo la granjera.

El pobre patito decidió irse a vivir cerca del estanque. Allí se encontró de nuevo con el ratoncito y se hizo amigo de un castor.

Un día, el señor Castor llegó muy emocionado:

—¡Corre, ven! Acaban de llegar unas grandes aves blancas como tú...

—¡Ah! ¡Ahora me acuerdo! —intervino el ratoncito—. ¡Se llaman cisnes!

—¡Sí, eres un cisne! —prosiguió el castor—. ¡Corre, ve con ellos!

TÍMIDAMENTE, EL PATITO FEO SE FUE ACERCANDO A SUS HERMANOS. TODOS TENÍAN ALGO QUE PREGUNTARLE.

—¡HOLA! ¿CÓMO TE LLAMAS?

—¿DE DÓNDE VIENES?

—¿QUIERES QUEDARTE A VIVIR CON NOSOTROS?

—¡SERÍA MI MAYOR ILUSIÓN! —RESPONDIÓ.

Al llegar el verano,
el joven cisne se enamoró.
—Cuando pensaba que era
un patito feo, ¡jamás imaginé
que llegaría a ser tan feliz! —dijo
mientras acariciaba la cabecita
de su compañera.
—¡Bien! —gritó el
emocionado ratoncito.

Los tres Cerditos

HABÍA UNA VEZ TRES CERDITOS QUE VIVÍAN EN EL BOSQUE. EL MAYOR TRABAJABA MUCHO, PERO LOS OTROS DOS NO PENSABAN MÁS QUE EN DIVERTIRSE.

Ya estaban en otoño. El hermano mayor les riñó.
—Sólo pensáis en jugar y en divertiros. Pronto llegará el invierno y no tendréis un hogar. ¡Cuando venga el lobo feroz, os comerá!
—¿El lobo? ¡El lobo no nos da miedo!
—¿Y dónde pensáis refugiaros? ¡Construid una casa como la mía!

Nif-Nif pensó que una
casa de paja no estaría mal.

—Tardaré mucho menos en construirla. Es bonita, ¿verdad? —preguntó Nif-Nif a los conejos.

—¡Sí! ¡Pero como vengan las vacas, no quedará mucho de tu casita!

Nuf-Nuf se construyó una casa de madera, pero no era muy buen carpintero.

—Clavaré algunas tablas más y habré acabado. Nif-Nif me espera para jugar.

Una mañana nevó mucho.
—Vamos a jugar con el trineo —propuso Nif-Nif a Nuf-Nuf.
—¡Cuidado con el lobo! —les advirtió Naf-Naf.
—¡Naf-Naf es un aguafiestas!
Pero cuando vieron al lobo, los cerditos se asustaron.

¡Qué carrera, amigos! Los dos hermanos corrieron tan rápido como pudieron. Se refugiaron en la casita de Nif-Nif...

El lobo inspiró profundamente y sopló con todas sus fuerzas: la casita de paja resistió tres segundos y medio y... ¡voló por los aires!

—¡Deprisa! ¡A mi casa! —gritó Nuf-Nuf—. Es de madera y resistirá.

—¡Espera! No cierres la puerta. El lobo está detrás de mí.

—¡Entra deprisa, hermanito! Mi casita resistirá a los soplidos del lobo feroz.

—Me pregunto qué pasará si le doy una patada a la puerta —exclamó el lobo.

La casita se derrumbó en sólo cuatro segundos y tres cuartos. Los dos cerditos apenas tuvieron tiempo de salir con las patitas en polvorosa.

Los dos cerditos huyeron
hacia la casa de Naf-Naf.
—¡Naf-Naf! ¡Socorro! ¡El lobo ha destrozado
nuestras casitas!
—¿No me digas? ¡Sois dos perezosos! Vuestras casas
no eran sólidas. Tardé meses en construir la mía.
¡La puerta es de roble y las paredes de piedra!
¡El lobo no podrá derribarla!

—¡Ahora derribaré esta casa! —dijo el lobo. Inspiró profundamente y... ¡sopló y sopló! Pero nada. La puerta ni siquiera se movió. El lobo volvió a inspirar todo lo que pudo y sopló con fuerza pero sólo consiguió que la nieve se amontonase ante la puerta. ¡Qué mareo! ¡Se puso azul desde las patas hasta las orejas!

Llegó la noche y el lobo estaba
agotado de tanto soplar.
—¡Puff, puff! Habéis... ganado.
Me marcho —dijo ante la puerta.
Nif-Nif y Nuf-Nuf saltaban de alegría.
—El lobo es muy astuto —dijo Naf-Naf—.
Seguro que trama algo.
¡Tengamos cuidado!

—Sólo puede entrar por la chimenea. Si intenta entrar por aquí, se llevará una sorpresa —dijo Naf-Naf.

Así que los tres cerditos encendieron un gran fuego y pusieron agua a hervir.

—¡El muy malvado quería comernos! ¡Ahora nos toca a nosotros preparar sopa de lobo!

Nif-Nif tenía razón. El lobo volvió cuando hubo descansado. Lentamente y sin hacer ruido, subió al tejado para bajar por la chimenea. Se relamía el hocico pensando en los tres cerditos rosados y rollizos.

—¡Ay! ¡Ay! ¡Ay!

¡Qué grito, amigos! El lobo feroz había metido el culito en el agua hirviendo. Naf-Naf abrió rápidamente la puerta y el lobo salió huyendo con las zarpas en el trasero. ¡Tardará en volver!

—¡Ya no nos molestará más! —dijo Naf-Naf entre carcajadas—. Prometedme que en primavera construiréis casas sólidas.

—¡Te lo prometemos, Naf-Naf! —dijeron los dos hermanos.

El pobre lobo acabó la noche con el culito metido en un riachuelo, lo cual no es muy agradable. Después de este chasco pasado por agua, nunca más se volvió a ver al lobo rondando por la casita de los tres cerditos.

La señora Nieve

ÉRASE UNA VEZ UNA MUJER QUE TENÍA DOS HIJAS. CELINA, LA MAYOR, TRABAJABA SIN DESCANSO PARA AYUDARLA. PERO CLEMENTINA, LA HIJA MENOR, ERA TAN SOÑADORA COMO PEREZOSA...

Un día, cuando Celina, estaba hilando sentada en el brocal del pozo dejó caer el huso sin querer.

Caía y caía en un agujero sin fondo. Todo empezó a girar y se desmayó...

Cuando Celina volvió en sí, se sorprendió al encontrarse en un magnífico huerto.

Oyó unas vocecitas gangosas:

—¡Sácanos del horno! ¡Estamos ya cocidos!

—¿Dónde estoy? ¿Quién me habla? —preguntó la chica desconcertada.

—¡Somos los panes! Colócanos deprisa en la hierba para que nos enfriemos...

Celina cogió los panes calientes y dorados y los puso en la pradera.

Luego, otra voz, más ronca, le dijo:

—¡Oh! ¡Mis ramas se doblan con el peso de todas las manzanas maduras! ¡Por favor, hijita, ayúdame! ¿Quieres recoger las manzanas para descargar mis ramas? —le pidió el viejo manzano.

Celina, muy servicial, recogió las manzanas y las puso a los pies del árbol.

De repente anocheció y empezó a hacer frío. Celina se dijo que debía encontrar un refugio. Pero a medida que iba caminando, el frío se hacía más intenso. ¡Se encontraba en medio de un bosque nevado! ¡Pero justo enfrente a ella había una choza!

—¿Cómo puede ser? —se preguntó Celina. En ese momento se le acercó una anciana: —¡Soy la Señora de las Nieves! ¿Quieres vivir conmigo? Te encargarías de los quehaceres de la casa.

La chica aceptó encantada.

¡Celina se puso enseguida a trabajar! ¡Lavaba los platos, fregaba el suelo, limpiaba, siempre de buen humor, nunca se desanimaba! Pero lo que más le gustaba era sacudir el edredón de la Señora de las Nieves. Era mágico, y las plumas que se escapaban de él se convertían en copos de nieve.

Celina sacudía el edredón y la Señora de las Nieves miraba los miles de copos que caían lentamente. La anciana señora estaba muy satisfecha con esta chica amable y trabajadora.

Pero Celina se puso melancólica. Sentía nostalgia de su casa, pensaba en su mamá. Incluso Copo, el gatito de la Señora de las Nieves, ya no podía hacerla sonreír.

—Estoy bien aquí, Señora de las Nieves, pero quisiera volver a casa —dijo Celina.

—Me parece bien que quieras volver con los tuyos —le contestó la amable señora.

Se dirigió hacia la cómoda y cogió el huso de Celina.

—Toma tu huso y vamos al desván, allí recibirás la recompensa que mereces…

¡Al pasar bajo el tejado mágico, una lluvia de monedas de oro cayó sobre Celina!

—Son para ti, hijita, ¡te las has ganado! ¡Has sido cariñosa, leal y trabajadora!

—¡Muchas gracias, Señora de las Nieves!

La chica recogió las monedas en su delantal, dio otro beso a la Señora de las Nieves y se fue. ¡No había dado dos pasos cuando, por arte de magia, se encontró en su jardín!

Naturalmente, Celina contó su aventura a su mamá y a su hermana Clementina. Pero ésta, ¡se arrojó al pozo! Después de una larga caída por el oscuro agujero, también llegó al país de la Señora de las Nieves...

Como su hermana, se encontró con los panes y el manzano. Pero aunque éstos la suplicaban, ¡se negó a ayudarlos!

—No quiero mancharme las manos, ni quemarme —les dijo.

Luego, se dirigió hacia la casa de la Señora de las Nieves.

Allí, como su hermana, Clementina fue acogida por la amable anciana. El primer día, la chica se esforzó y obedeció. Pero el segundo empezó a holgazanear y, al sacudir el edredón, lo hizo con tal desgana que sólo cayeron algunas plumas. La Señora de las Nieves estaba muy decepcionada...

El tercer día, ¡Clementina ni siquiera quería levantarse!

—Si no trabajas —le dijo la Señora de las Nieves—, ¡levántate para recibir la recompensa y vuelve a tu casa!

¡No tuvo que decírselo dos veces!

Clementina se levantó, pensando en la lluvia de monedas...

¡Qué sorpresa se llevó! En vez de las monedas de oro que tanto esperaba, ¡Clementina recibió un chaparrón de alquitrán!

—Así pago yo a las perezosas —exclamó la Señora de las Nieves—. ¡Ahora, volverás y serás amable y servicial!

CASI NO LA RECONOCIERON CUANDO VOLVIÓ A CASA. SE TUVO QUE BAÑAR VARIAS VECES PARA QUITARSE EL ALQUITRÁN. CLEMENTINA NO DEJABA DE LLORAR.

Sin embargo, la lección de la Señora de las Nieves surtió efecto. Desde entonces, Clementina fue tan amable y trabajadora como su hermana. Ambas solían ir al borde del pozo y hablaban de la Señora de las Nieves... ¡Nunca la olvidarían!